ASÍ INT[...] LAS PLANTAS Y LOS ANIMALES

por Donna Watson

PEARSON
Scott Foresman

DK

La Tierra es un lugar muy especial. Una cosa que la hace tan especial es la manera en que las plantas y los animales viven juntos, o interactúan. A veces viven juntos y se benefician, o se ayudan unos a otros. Otras veces, viven juntos de un modo en que se perjudican, o se hacen daño. Las plantas y los animales también pueden vivir juntos de modo que ni se benefician ni se perjudican. Los seres vivos interactúan de muchas maneras. Sin embargo, todos los seres vivos necesitan a otros seres vivos para vivir.

Cómo interactúan los seres vivos

Algunos animales viven en grupos y se ayudan unos a otros. Cuando una hormiga encuentra alimento, avisa a otras hormigas dónde está. Entre todas, cargan el alimento hacia su hogar.

Los gansos canadienses que tienen ansarinos, o crías, a menudo se reúnen con otras mamás ganso y sus ansarinos. Una o dos de las madres vigilan las crías mientras las demás mamás van en busca de alimento.

Los animales que viven en manadas a veces forman círculos para protegerse del mal tiempo o de un enemigo. Cuando una tormenta de nieve sorprende a un grupo de caballos, se agrupan en un círculo y unen las cabezas para calentarse. A menudo, los caballos más viejos empujan a los potros jóvenes hacia el centro del círculo para protegerlos más.

Cuando dos animales interactúan, a veces sólo un animal se beneficia. Esto pasa cuando un percebe se pega a una ballena. El percebe adulto no nada por su cuenta. Come los trozos de alimento que flotan en el agua a medida que la ballena nada. La ballena no se perjudica ni se beneficia por tener el percebe en su cuerpo.

percebes

Otras veces, las plantas y los animales se ayudan unos a otros. Los murciélagos de la fruta ayudan a polinizar ciertos árboles frutales en los bosques tropicales. Así, los bosques se polinizan y los murciégalos se alimentan.

Los seres vivos obtienen energía

Las plantas deben obtener energía para crecer, florecer y producir semillas. Para que los animales puedan construir albergues y buscar alimento, deben obtener energía.

Las plantas verdes son los únicos seres vivos que pueden producir su propio alimento. Lo hacen con la energía del Sol. Como son capaces de producir su alimento, las plantas verdes son **productores.** Todos los demás seres vivos obtienen energía de los alimentos que comen. Son consumidores. Los **consumidores** obtienen energía al comer plantas verdes o al comer animales que han comido plantas.

Carnívoros, herbívoros y omnívoros

La energía de una planta se puede demorar mucho tiempo en pasar a un animal. Esto sucede porque no todos los animales comen plantas. Los animales que sólo comen carne se llaman **carnívoros.** Ya conoces muchos tipos de carnívoros. Los tigres, las águilas y los pumas son carnívoros.

Los animales que sólo comen plantas se llaman **herbívoros.** Las cabras, los caballos y los ratones son herbívoros. Algunos animales comen plantas y también animales. Esos animales son **omnívoros.** Los chimpancés son omnívoros. Comen insectos, frutas, semillas y muchas cosas más.

El rumbo de la energía

Tal vez te preguntes cómo obtienen los carnívoros la energía de las plantas verdes. Para saber la respuesta, hay que observar una cadena alimentaria. La energía se mueve de los productores a los consumidores en una cadena alimentaria.

Piensa en una planta de trébol silvestre. Es una planta verde que produce su propio alimento con la luz del Sol. El trébol silvestre es un productor.

El conejo es herbívoro. Se come el trébol silvestre. Al comer el trébol, el conejo toma la energía de la planta. El conejo es un consumidor.

conejo

trébol
silvestre

El halcón de marisma es carnívoro. Come conejos. Si el halcón atrapa un conejo y se lo come, obtendrá la energía del conejo. Ahora piensa de dónde obtuvo el conejo su energía. ¿Lo recuerdas? Del trébol silvestre que se comió. El halcón obtiene energía tanto del conejo como del trébol silvestre.

halcón

Cadenas alimentarias

Todos los seres vivos pertenecen a una cadena alimentaria. Las cadenas alimentarias comienzan con un productor, como el trébol silvestre. Al final de cada cadena alimentaria hay un consumidor, como el halcón.

La mayoría de las cadenas alimentarias tienen predadores y presas. Un **predador** es un animal que caza a otros animales para alimentarse. La **presa** es el animal al que otros cazan. El halcón es un predador, y el conejo es su presa.

Muchas veces hay más de una cadena alimentaria en un lugar. En un campo donde crecen tréboles silvestres, también puede crecer pasto. Los ratones comen pasto. Los búhos y las lechuzas comen ratones. En esa cadena alimentaria, el pasto es el productor. Los ratones y los búhos son los consumidores. Los búhos son predadores. Cazan ratones, que son la presa.

Otra cadena alimentaria comienza cuando un venado se come las hojas de una planta. Después, ese venado puede ser presa de un lobo.

Redes alimentarias

Una sola cadena alimentaria no muestra todas las plantas y los animales que se pasan energía en un lugar, aunque sea pequeño. Las plantas y los animales pueden ser el alimento de más de un ser vivo. Las redes alimentarias muestran qué pasa cuando las cadenas alimentarias se cruzan.

Mira la red alimentaria de la derecha. Antes leíste que los halcones de marisma comen conejos. Pero también comen ratones. Los búhos a veces comen conejos. Los lobos comen venados, conejos, ratones y hasta halcones. Las redes alimentarias muestran las interacciones entre los muchos seres vivos de un mismo ambiente.

Cómo terminan y cambian las redes alimentarias

Tal vez creas que la red alimentaria que acabas de ver termina con el lobo. Sin embargo, algunas personas cazan predadores como el lobo. También es posible que los lobos mueran debido a accidentes, enfermedades o desastres naturales. Si eso ocurre, los seres carroñeros como los insectos, los cuervos y los buitres se comerán el lobo. Un carroñero es un animal que come desperdicios o animales muertos.

Estos buitres se alimentan de una oveja muerta.

¿Qué pasaría si desaparece una parte de una cadena alimentaria? Por ejemplo, un montón de ratones mueren o alguien los mata. Entonces los búhos y los halcones no tendrían suficiente alimento y pasarían hambre. Si no encuentran otro tipo de alimento, los búhos y los halcones hambrientos tendrían que mudarse a otro lugar.

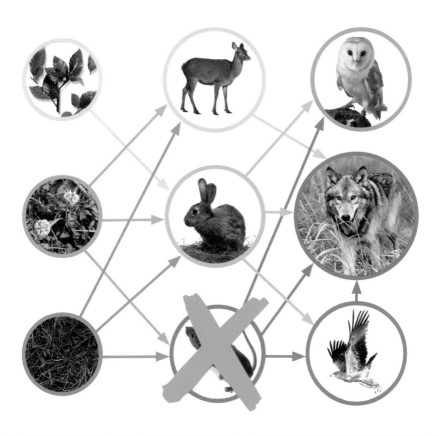

Cómo compiten los seres vivos

Si el búho y el halcón estuvieran buscando ratones, los dos estarían en **competencia** por los ratones. En ese caso, dos tipos diferentes de predadores compiten por el alimento. El más fuerte y rápido de los dos sería el ganador.

A veces la competencia entre los seres vivos no es por alimento sino por espacio. Es común que se construyan casas nuevas en un lugar donde vivían animales. Por eso a veces algunas personas encuentran venados comiéndose las plantas y los arbustos del patio de su casa.

Hace muchos años, una planta enredadera llamada kuzu fue traída a los Estados Unidos. Con el tiempo, el kuzu comenzó a crecer en árboles y arbustos. Empezó a cubrir y ahogar muchas plantas. El kuzu tuvo éxito en su competencia con otras plantas por obtener espacio para crecer.

Los mapaches se comen la basura que hay en las ciudades.

Los ambientes cambian

Los ambientes no sólo cambian debido a la competencia de las plantas por obtener espacio. Los animales y los eventos naturales también pueden cambiar un ambiente.

La polilla gitana es un insecto que ha cambiado ambientes en muchas partes de los Estados Unidos. La larva de este insecto se come las hojas de muchos tipos de árboles. Cuando las orugas de la polilla gitana se comen las hojas de demasiados árboles, muchas aves pierden su hogar. La larva de la polilla gitana come tantas hojas que puede causar que algunos árboles mueran.

Los tornados, los huracanes, las inundaciones, las sequías, las erupciones volcánicas y los incendios son eventos naturales que cambian los ambientes. Aunque son destructivos, también pueden producir cambios positivos para el ambiente al que afectan.

Los tornados y los huracanes tumban árboles donde viven muchos seres vivos. Si un árbol se derrumba y muere, al poco tiempo estará cubierto de descomponedores. Un **descomponedor** es un ser vivo que desintegra desperdicios y seres que han muerto. Los descomponedores contribuyen a la **descomposición** del árbol muerto, o sea, lo ayudan a podrirse. Una vez que el árbol se descompone, vuelve a ser parte del suelo. Otros árboles necesitan el fértil suelo del árbol muerto para crecer.

Un ambiente saludable para las personas

Las personas estamos al final de muchas cadenas y redes alimentarias. Somos consumidores de plantas y de animales. La mayoría de los habitantes de los Estados Unidos no cultivan ni cazan sus alimentos. Los compran en la tienda. Todos los seres humanos debemos comer frutas, verduras, productos lácteos, nueces, cereales de grano entero y pescado para obtener las vitaminas y los minerales necesarios para gozar de buena salud.

Además de buena alimentación, necesitamos aire, agua, albergue y un ambiente limpios. El ejercicio físico también es necesario para conservar la salud. Podemos hacer ejercicio al trabajar, practicar deportes o jugar al aire libre.

La higiene personal también evita que nos enfermemos. Es importante lavarse las manos antes de comer para evitar la transmisión de enfermedades. Una **enfermedad** puede ser causada por gérmenes. Un **germen** es un ser vivo muy pequeño, o partícula, que puede causarnos enfermedades.

También debemos cuidar el mundo que nos rodea. Hay que mantener limpios el aire y el agua. Así protegeremos a todos los seres vivos.

Glosario

carnívoro   que come sólo animales

competencia   lo que ocurre cuando dos o más seres vivos necesitan el mismo recurso

consumidor   ser vivo que come alimentos

descomponedor   ser vivo que desintegra desechos y otros seres que han muerto

descomposición   cuando los desechos y seres muertos se pudren y regresan así a formar parte del suelo

enfermedad   algo que hace que un ser vivo se sienta mal y enferme

gérmenes   pequeños seres vivos, o partículas, que causan enfermedades

herbívoro   que sólo come plantas

omnívoro   que come plantas y animales

predador   consumidor que caza a otro animal para alimentarse

presa   animal al que otros animales cazan como alimento

productor   ser vivo que produce su propio alimento